LA MARTINIQUE

EN 1820,

OU

LE RÉPUBLICANISME OLIGARCHIQUE

DÉSAPPOINTÉ.

RÉPONSE À *la Martinique en 1819*, Mémoire rédigé par M. Richard de Lucy, Conseiller assesseur du Conseil supérieur, ayant pour épigraphe : *Rebus in angustis animosus atque fortis appare.* (Horace, lib. 2, ode X^e.)

Parcite, oves, nimiùm procedere, non bene ripæ
Creditur, ipse aries etiam nunc vellera siccat.

(VIRGILE, Bucoliques, Églogue 3°.)

Ne faut s'aventurer sur la rive perfide,
Brebis, votre bélier téméraire, imprudent,
S'est avancé trop loin, et sa toison humide
Vous prévient de ne pas approcher du torrent.

SE VEND,

Au Bureau du Journal des Notaires, rue St.-Honoré, N°. 315, et chez tous les Marchands de Nouveautés.

PRIX, 1 franc.

A PARIS,

DE L'IMPRIMERIE DE GUIRAUDET,

Rue St.-Honoré, N°. 315.

1820.

ÉPITRE DÉDICATOIRE

À Monsieur Edme MAUDUIT *, chevalier de la Légion-*
d'Honneur et de l'ordre royal et militaire de St.-Louis,
Directeur suprême des Colonies, etc., etc.

Monsieur,

J'ose espérer que vous daignerez accepter la dédicace
que j'ai l'honneur de vous offrir, de ce léger Opuscule,
moins d'après la présomption que j'ai de son mérite, que
comme un hommage que j'aime à rendre au noble désintéressement avec lequel vous avez repoussé les séductions
oligarchiques, qui tendaient à paraliser l'heureux effet des
Ordonnances du Roi, du 22 novembre 1819, à la rédac-
tion desquelles vous n'aviez pas peu contribué. Laissez
encore le choix des juges au Garde des Sceaux, des préfets
apostoliques à la grande aumônerie, des militaires au Ministère de la guerre, des comptables au trésor, etc. Nos
Colonies alors seront heureuses et parfaitement dirigées ;
et la Métropole partagera leur bonheur et notre reconnaissance.

Je suis avec respect,

Monsieur,

Votre très-humble et très-obéissant serviteur,

ANTI-LUCY.

AVANT-PROPOS.

L'OLIGARCHIE dans la signification du mot est un gouvernement de la direction duquel quelques personnes s'emparent ; c'est l'envahissement de l'autorité et du pouvoir, de la part de quelques ambitieux.

L'esprit oligarchique s'est manifesté dans nos colonies, toutes les fois que quelques habitans se sont mis en opposition avec les autorités constituées par la métropole ; il a été manifesté par l'enlèvement du gouverneur et de l'intendant de la Martinique, MM. de La Varenne et de Ricouart, en 1717, par M. Dubuc, colonel des milices ; par les démêlés du chevalier de Rohan, avec le conseil souverain du Port-au-Prince ; par l'exclusion de Cayenne, à laquelle fut obligé de se soumettre l'intègre et vertueux Turgot ; par l'éloignement forcé de St.-Domingue, de l'irréprochable intendant Barbé-Marbois, et du *procureur général du Roi, La Mardelle* ; par la fin tragique du gouverneur, M. de Blanchelande ; par la guerre du Gros-Morne, à la Martinique et l'assassinat de M. de Châteaugué ; par les déportations, confiscations ou séquestres des biens qui s'en sont suivis, en 1790 et 1793 ; par la négociation qui livra la Martinique aux Anglais, sans autorisation du Roi ; par les mesures de fermeté que M. le comte de Vaugiraud, gouverneur, a été obligé de prendre en 1815 et 1817 ; par celles que vient de prendre M. de Laussat, commandant et administrateur à Cayenne, le 19 octobre 1819, contre ceux qui voulaient l'embarquer ; par tous les actes, toutes les manœuvres ou intrigues secrètes qui tendent à dépouiller la métropole de son autorité et de ses droits, et à substituer à l'exécution de la charte et de la législation constitutionnelle une oligarchique indépendance. Tous ces mouvemens de l'oligarchie, en langage Caraïbe, s'appellent *Gaoulés*. Le congrès des habitans planteurs de la Martinique en 1819, pour envoyer un député à Paris, ne serait qu'un *Gaoulé*, si le gouverneur n'avait été prevenu. Il l'est encore en ce que ce congrès n'a dit que la moitié de son secret au Gouverneur.

LA MARTINIQUE

EN 1820,

OU

LE RÉPUBLICANISME OLIGARCHIQUE

DÉSAPPOINTÉ.

> Ne faut s'aventurer sur la rive perfide.
> Brebis, *votre bélier téméraire, imprudent*,
> S'est avancé trop loin, et sa toison humide
> Vous prévient de ne pas approcher du torrent.
>
> VIRGILE, *Bucoliques*, Eglog. 3e.

CHAPITRE Ier.

Ambassade de M. le comte de Cacquerai-Valménier.

MESSIEURS les grands planteurs de la colonie de la Martinique, vers la fin de l'année 1819, formaient entr'eux des réunions nombreuses, toutefois paisibles, dans divers quartiers de l'île ; ils avaient négligé d'en instruire le Général Baron de Donzelot ; ce Gouverneur s'en plaignit avec une bienveillance pleine de dignité et de franchise : il manifesta, avec assez de fermeté, que personne sous son administration et son gouvernement ne devait s'occuper d'affaires administratives ou politiques, sans l'en prévenir et sans obtenir son assentiment. On lui dévoila alors le mystère et l'objet des réunions : il apprit qu'il s'agissait d'envoyer un député extraordinaire à Paris, pour faire au gouvernement des représentations sur la situation fâcheuse de la colonie ; le Gouverneur leur fit observer qu'ils avaient déjà à Paris un député entretenu à grands frais, et que ce ne

serait pas alléger les dettes et la dépense des colons , d'en
envoyer un second auquel on allouait *trois cent barriques
de sucre* pour son voyage et sa négociation ; il fût répondu
au général que dans des circonstances aussi graves que
celles des malheurs de la colonie , les colons n'avaient rien
à épargner , et le Gouverneur , entraîné par les sentimens
de bonté et de l'indulgente bienfaisance qui le caractérisent ,
consentit à laisser partir pour France , Monsieur le comte
de Cacquerai-Valménier , contre-amiral , procureur général du Roi , etc. Mais il ignorait le texte des instructions
et des mémoires dont les commettans chargeaient leur
envoyé , pour être présentés au ministre , et pour être
mis immédiatement sous les yeux du Roi ; il ignorait
que son digne et respectable prédécesseur , M. le
comte de Vaugiraud , y fût dépeint et noirci *comme
un chef de cabale* , que lui-même considéré *comme
chef unique de la colonie* , fut représenté *ou comme un
homme nul , écrasé* sous le poids *d'une inutile et ver-
beuse correspondance avec les bureaux de la marine* ,
ou *comme un despote qui , méprisant une aussi lointaine
surveillance , pourrait , comme Brennus , jetter son épée
dans la balance. Il ignorait que les négocians commis-
sionnaires , les petits blancs et les gens de couleur libres
y fussent traités comme des usurpateurs et des usuriers.*
- Le premier mouvement et le but de ces messieurs étaient
donc de se plaindre au Roi lui - même des deux derniers
Gouverneurs qu'il leur avait envoyés, du conseil-d'état, des
bureaux et du ministère actuels de la marine qui se trou-
vent en contradiction avec leur suprématie.

On ne sait si c'est l'ange de la Martinique qui a pu leur
inspirer de pareilles idées à 1800 lieues de la métropole ;
mais cet ange les aura sans doute instruits trop tard que
deux ordonnances du Roi , rendues le 22 novembre 1819,
leur étaient envoyées, et que des commissaires de justice
partaient pour en accomplir le vœu et les bienfaisantes dis-
positions ; en effet , M. le comte de Cacquerai-Valm'n'er

débarquait à Nantes au moment que MM. Pellerin et La Mardelle s'embarquaient ensemble à Rochefort pour la Guadeloupe et la Martinique , et qu'en même temps les mêmes ordonnances étaient expédiées à Cayenne et à Bourbon. L'ambassadeur de la Martinique et les commissaires de France se croisaient ainsi d'une manière bien malencontreuse pour le succès de la négociation du premier.

M. le comte de Cacquerai - Valménier , après son débarquement , part en poste et arrive à Paris. Il y déploie auprès du gouvernement toute l'activité possible pour le succès de sa mission. Les premiers gentils-hommes de la chambre du Roi , les aides-de-camp des princes , les audiences des ministres , les membres marquants des chambres des pairs et des députés , les anti-chambres des conseillers-d'état , des chefs de bureau , tout est assiégé et inondé de ses placets , de ses mémoires et de ses pétitions ; rien n'est imprimé , mais tout est secret et confidentiel , et marche dans l'obscurité des entretiens particuliers , des pour-parlers et des rendez-vous , lorsque tout-à-coup , à l'époque de la discussion du budget de la marine et des colonies , un député indiscret , mais éloquent et courageux , M. Laisné de la Ville-l'Évêque , dévoile hautement à la tribune tous les abus de la Martinique , et fait-échouer toute la négociation du diplomate de ce point imperceptible d'un petit cercle de la sphère parallèle à l'équateur.

Alors tout s'est réduit pour lui à quelques allées et venues insignifiantes , et à l'honneur d'être admis et de siéger dans ce comité où la sagesse du gouvernement , s'environnant de lumières , prépare la régénération et la réorganisation de nos colonies. M. le comte de Cacquerai a dû s'y considérer comme un hors-d'œuvre , car il n'était venu que pour conjurer toute espèce d'innovation , et demander le rétablissement de tous les anciens *us* et *coutumes* de la Martinique ; aussi n'y a-t-il pas fait de longs discours , l'auditoire ne lui a pas paru composé pour approuver ni pour entendre ses mouvemens oratoires.

Cependant, M. La Mardelle, commissaire de justice, remplissait la mission du Gouvernement à la Martinique, et se conformait aux articles 6 et 7 de l'ordonnance du Roi, du 22 novembre 1819, concernant l'organisation judiciaire ; il se rembarque promptement pour rapporter en France le résultat de son travail, et arrive à Brest à bord de la frégate du Roi, la Duchesse de Berry ; le télégraphe le signale en rade, au moment où M. le comte de Cacquerai, désespéré de son insuccès, prend congé du ministre, et se rend en toute hâte à Bordeaux pour s'y rembarquer pour la Martinique. Des lettres de *messeigneurs des Gros-Mornes* circulent dans Paris, des nouvelles fâcheuses s'y répandent sur le compte de M. La Mardelle ; les uns disent qu'on l'a forcé de se rembarquer, d'autres qu'on lui en a seulement donné le conseil, d'autres que les gens de couleur avaient pris une attitude menaçante ; d'autres enfin, que le général gouverneur Baron de Donzelot avait pris la précaution de retenir dans les rades de la Martinique deux frégates destinées pour Terre-Neuve, pour s'en servir en cas de danger, et qu'il s'occupait sérieusement de la réorganisation des milices, etc. Vain épouvantail pour la métropole, où l'on sait d'ailleurs que tout est parfaitement tranquille à la Martinique et soumis aux ordres du gouverneur et aux intentions du gouvernement !

Du reste, le témoignage de M. le commissaire du Roi La Mardelle lui-même, actuellement à Paris, a tout-à-fait dissipé ces rumeurs et ces bruits répandus à dessein par la vanité piquée et déçue, de certaines prétentions personnelles et particulières, absolument étrangères à l'intérêt général de la France et de la colonie ; M. La Mardelle a présenté son travail au ministre qui, aux termes de l'ordonnance, va le mettre sous les yeux du Roi *pour statuer ce qu'il appartiendra.*

Il n'est cependant pas inutile de faire observer ici que la charte, au titre de l'ordre judiciaire, article 59, nous dit formellement *qu'il ne sera rien changé aux tribunaux qu'en vertu d'une loi.* Or cette loi doit être discutée dans les deux Chambres.

CHAPITRE II.

La réforme des abus de la Martinique est due à M. le comte de Vaugiraud.

MM. les habitans planteurs n'auraient jamais dû oublier que M. le comte de Vaugiraud , leur ancien gouverneur, avait sauvé la colonie le 2 juin 1815 ; qu'au moment où ils étaient menacés des malheurs de l'usurpation et des sé-ductions d'une oligarchique indépendance , il les avait préservés de ces deux écueils , par son caractère noble , plein de franchise , de droiture , et marqué au coin d'une respectable et imposante fermeté ; ils auraient dû se sou-venir que , constamment animé de vues saines et purement patriotiques dans les intérêts de la colonie , de la France et de son Roi , il avait demandé lui-même son rappel et celui de l'intendant , comme n'étant plus propres à faire le bien , dans les rapports de situation où ils se trouvaient l'un à l'égard de l'autre ; ils auraient dû lui savoir gré d'a-voir été le premier à demander que leur Conseil souverain fût changé en Cour royale, que les désordres administratifs et financiers , dont il avait dévoilé la turpitude , fussent vérifiés et réformés , que les pouvoirs civils et militaires fussent réunis dans la main d'un administrateur et gou-verneur unique ; qu'en conséquence de ce plan soumis par lui au Roi et à son conseil des ministres , M. le lieutenant-général baron de Donzelot avait succédé à M. le comte de Vaugiraud , et tenait aujourd'hui d'une main ferme les rênes du gouvernement de la Martinique.

Pourquoi ne s'apperçoivent-ils pas que de venir de-mander à Paris le rétablissement de tous les abus qui causent leur discrédit en France , ce n'est pas y faire re-naître pour eux la considération et l'estime qui leur sont si nécessaires , et que le moyen de les obtenir est de se résigner aux vues bienfaisantes d'un gouvernement éclairé, et de consentir à ce que tous ces désordres et ces abus demeurent pour toujours supprimés ?

CHAPITRE III.

Réfutation des principes de l'oligarchie et du mémoire de M. Richard de Lucy.

IL est d'un orgueil vraiment ridicule à quelques habitans Sucriers de s'imaginer qu'ils ont le droit de traiter de puissance à puissance avec leur métropole. Que ce soit en vertu d'un pacte tacite ou formel , nos colonies à sucre n'ont jamais été considérées que comme des *fermes* , des *métairies* ou des *manufactures* , *créées et fondées* , comme l'a dit Montesquieu , *pour l'extension de notre commerce ;* M. Malouet conclut que l'*esprit d'indépendance et des coteries coloniales est tout-à-fait contraire à ce principe;* elles ne sont donc ni peuple , ni nation , ni province , ni département. On peut dire maintenant , avec plus de raison qu'avant la perte de St.-Domingue , qu'elles ne sont que des îlots de 250 à 300 planteurs notables , propriétaires d'ateliers , qui cultivent , sous la protection des autorités que la métropole leur envoie pour maintenir , tant à l'intérieur qu'à l'extérieur , l'ordre et la sureté parmi eux.

Leurs droits politiques sont en France , et c'est là seulement que les colons , comme tous les autres Français , sont appelés à en jouir dans leur plénitude.

L'édit du Roi , de 1727 , est formel ; il manifeste clairement et articule la puissance et l'autorité de la métropole à l'égard de ses colonies ; et l'on ose dire que leur véritable utilité et leur administration ont été long-temps ignorées lorsqu'elles étaient si sagement établies , d'après le système profond et admirable du grand Colbert! lorsque c'est à ce système seul que les villes brillantes de *Bordeaux*, de *Marseille*, du *Hâvre-de-Grâce* et de *Nantes*, etc. ont dû leur prospérité et leur gloire. Serait-ce en faveur de quelque commis obscur du ministère de la marine que l'on voudrait en revendiquer l'honneur et la reconnaissance? Mais l'histoire en a déjà payé le juste tribut à ce ministre illustre. Tâchons plutôt d'oublier ce *citoyen d'une colonie*, qui ne vint, en 1763, se montrer dans les bureaux dont il fut chef, que pour y estropier et dénaturer les principes et les vues du grand homme, que pour y porter les premières atteintes aux savantes combinaisons du ministre de Louis XIV, en sacrifiant la Louisiane et le Canada, pour implanter dans nos antilles le germe de l'oligarchie et de l'indépendance. N'y avait-il d'autres moyens de secourir nos possessions et d'y faire respecter la souveraineté du Roi, que de proclamer son insuffisance à les conserver et à les maintenir? C'était bien là une innovation ou plutôt une corruption de principes d'après lesquels on n'a pas rougi de dire que depuis cent ans les colonies avaient gémi sous un régime oppressif et tyrannique! et M. de Lucy répète ce blasphême!

C'est depuis cette époque fatale, de 1763, qu'au moyen de quelques sophismes dont on n'eut pas de peine à fasciner *des yeux distraits par des soins légers et très-peu importans*, on fit passer en axiôme colonial qu'il n'y avait de possibilité d'approvisionner nos îles, qu'en y établissant des entrepôts, et en ouvrant leurs ports aux étrangers; qu'il fallait abandonner ces approvisionnemens aux puissances rivales, comme si ce n'eût pas été la même chose que de leur livrer nos colonies mêmes. Le commerce de France découragé fut obligé de renoncer à cette branche précieuse de son industrie. Les colons, comme s'ils se fussent réveillés d'un rêve trompeur, ou qu'ils eussent pris la chimère pour la réalité, se repentirent de cette bravoure, de ce courage héroïque et patriotique qu'ils avaient montré en tant d'occasions, dans les guerres de 1744 et de 1756 etc.; pour la défense des intérêts et des drapeaux de la métropole; tout fut paralysé dès-lors et dégénéra en un froid cosmopolisme. Ils oublièrent qu'ils avaient une patrie, quand, au lieu de se battre pour la France, comme ils avaient toujours fait, nous les avons vus ne se montrer, à la Martinique, que les témoins bénévoles, ou plutôt, faut-il le dire, les spectateurs intéressés de nos humiliantes capitulations. Ils crurent qu'ils n'étaient plus sous la dépendance de leur métropole, lorsqu'elle ne faisait plus rien pour leurs besoins de première nécessité; ils sentirent le désir de s'émanciper, du moment qu'ils purent se persuader que c'était une injustice de livrer leurs sucres à la France, plutôt qu'aux autres nations; ils virent que la concurrence élevait nécessairement le prix de leurs denrées, et que plus il y aurait de nations à concourir pour les acheter, plus la valeur de leurs produits et de leurs revenus s'en augmenterait; ils calculèrent en égoïstes, et tout le prestige de l'honneur et des vertus patriotiques fut dissipé; de ce moment, toutes les spéculations et les bénéfices que la métropole pouvait espérer, de ses colonies, tombèrent successivement, en raison de la dépravation des sentimens français et des véritables principes coloniaux. Le ministère de France devint le jouet d'une politique adulatrice et perfide; il devint la dupe de combinaisons mensongères et illusoires; il flotta dans une douloureuse perplexité: tantôt on fermait les ports, tantôt on les ouvrait. L'on ne suivit plus de système ni de plan fixes, et tout resta indécis et incertain dans l'obscurité du nuage que l'oligarchie avait formé.

C'est dans cet état d'indécision et d'incertitude qu'en 1814 les mêmes idées sur les colonies prévalurent dans les conseils du Roi; le gouvernement fut surpris presqu'au dépourvu et l'administration de nos îles du Vent devint, je ne veux pas dire *la proie*, mais le *patrimoine, et l'héri-*

tage d'une seule famille, qui l'exploita, tout à son aise, pendant trois ans, et n'en veut aujourd'hui rendre aucun compte.

La décadence de notre commerce maritime et la dégradation successive de nos colonies datent donc de 1763, et proviennent des innovations *de ce citoyen d'une colonie*, et des principes dangereux et métropolicides qu'il a propagés.

Dans le système de Colbert, les colonies, en s'enrichissant de notre crédit, de nos avances et des produits de notre industrie, reproduisaient à la métropole des bénéfices immenses qui, pendant cent trente ans, ont porté ses villes commerçantes à l'apogée de leur prospérité !

Depuis que le système d'entrepôts et d'ouverture des ports a été adopté, les frelons se sont introduits dans la ruche, le monopole et la contrebande ont tout dévoré et tout détruit; c'est à cet esprit d'émancipation et d'une oligarchique indépendance que St.-Domingue a dû sa destruction, et que nos autres îles doivent cet état d'incertitude et de langueur qui les conduit à l'anéantissement ; elles sont tellement épuisées, que bientôt elles arriveront au point de ne pouvoir s'en relever jamais.

CHAPITRE IV.

Que le gouvernement doit persister dans les plans de réforme qu'il a adoptés.

Il n'y a point à balancer, le gouvernement doit enfin prendre un parti ; il faut qu'il tranche avec vigueur les nœuds dont l'oligarchie, le népotisme, le monopole, la contrebande et l'esprit d'indépendance le circonviennent et l'enveloppent de toutes parts ; il faut qu'il poursuive avec fermeté l'exécution du plan qu'il a sagement conçu, de rétablir le crédit de nos Antilles sur des bases imposantes et respectables , qu'il démolisse successivement ce vieil édifice d'institutions gothiques et tombées en désuétude ; qu'il substitue des tribunaux réguliers à ces vieilles sénéchaussées , à ces grotesques conseils souverains , bigarrés de personnages pris au hasard dans la marine , le civil et le militaire , qui ne connaissent pas un mot ni des lois françaises , ni des lois anglaises , qui sachant à peine lire et écrire , n'offrent pour tout mérite qu'un stupide et aveugle attachement à leur coterie coloniale. Il faut que nos colonies redeviennent véritablement françaises, qu'elles adoptent nos mœurs et nos lois , que nos cinq codes y soient en vigueur , sauf les exceptions locales , et qu'elles abjurent enfin ce cosmopolisme pernicieux , pour embrasser franchement notre esprit national , les Colonies , le Roi et la France !

On ne saurait nier que l'anglomanie qui existe à la Martinique ne soit une des causes de la perte que les colons se plaignent d'avoir faite de notre crédit et de notre confiance.

On ne saurait nier qu'ils n'aient un amour de préférence bien marqué pour cette nation rivale , à laquelle ils ont trop souvent prostitué leurs intérêts et les nôtres.

On peut assurer que de vils et trop fameux proxénétes sont encore en négociation ouverte avec certains agens à Paris , sous les yeux et en dépit du ministère de la marine.

On n'ignore pas qu'il existe une compagnie de monopoleurs dont les léviers et les points d'opération sont à New-Yorck et à Londres , dont l'association , le centre et les principaux intéressés ont leur siége dans la capitale même de la France ; en sorte qu'on peut dire que la colonie ne nous appartient plus , et qu'elle est le domaine

de cette association , qui l'exploite sans risques , sans ré-
serve et avec une entière latitude.

Le mal est grand, il faut des remèdes prompts et efficaces;
il est prouvé par tous les rapports authentiques et officiels
mis sous les yeux du gouvernement, qu'il est urgent de
changer ces conseils souverains en cours royales, de rendre
aux tribunaux leur activité, leur dignité et leur justice, de
ne confier les magistratures qu'à des hommes purs et dé-
sintéressés , qui soient éclairés et ne soient jamais exposés
à prononcer dans leur propre cause.

Or , si l'on ne change en entier le personnel des tribunaux de nos colonies , la moindre réflexion démontre qu'il
est impossible que les juges actuels fassent respecter , ou
qu'ils mettent en vigueur des codes et des lois qu'ils sont
hors d'état d'étudier , de connaître et de comprendre , et
qui contredisent en tant de manières leurs préjugés et leurs
habitudes.

Car qu'est-ce qu'un *conseil souverain* dont on n'a fait
encore que de changer le nom en celui de *Cour royale* ,
en lui enjoignant seulement de *motiver* ses arrêts et ses
jugemens ?

C'est une compagnie composée de douze habitans planteurs, de première classe ; ils menacent de donner leur
démission si on les force d'accepter des honoraires ; ils dé-
guisent , sous le masque de ce prétendu désintéressement,
beaucoup moins l'honneur de rendre une justice égale ,
exacte et impartiale , à tous les Français européens ou
créoles qui peuvent devenir leurs justiciables , que ce faux
honneur , ce privilége , cette noblesse imaginaire dont ils
sont entêtés et auxquels ils tiennent si fort qu'ils seraient
bien fâchés qu'on oubliât d'indiquer , tous les ans, le texte
de leur diplôme dans *l'Almanach de la colonie.* C'est sous
cette apparence de désintéressement qu'ils cacheront cette
prédilection particulière qu'ils ont pour les intérêts oli-

garchiques du corps des planteurs auquel ils appartiennent et auquel ils sacrifieront, sans scrupule et sans respect pour les lois, tous les intérêts qui pourraient lui être contraires, le blesser ou lui porter atteinte. L'intérêt colonial sera, avant tout, leur *suprema lex.* On doit juger, d'après cela, ce que doivent devenir les intérêts des Français européens devant un pareil tribunal : ils ne reçoivent pas d'honoraires, mais n'est-ce rien que la prérogative inouïe de rendre la justice, en ne suivant d'autre loi que sa fantaisie, et de tolérer ces épices énormes que les greffiers extorquent des plaideurs ? Or, c'est ce qui est arrivé et ce qui arrivera encore, si l'on ne songe à y mettre ordre, et la Cour royale sera toujours le conseil souverain !

Lorsqu'on verra douze personnages, sans instruction et sans lettres, occupés journellement de la culture de leurs cafés et de leurs sucres, *et fort'peu de leurs comptes ouverts chez le commissionnaire ;* venir tous les deux mois s'asseoir et s'endormir sur les fleurs de lys, pour y prononcer au hasard sur la fortune et la vie des citoyens ;

Lorsqu'on verra le même homme, après avoir été successivement enseigne de vaisseau, officier de dragons et planteur, requérir, en sa qualité de procureur-général du Roi, l'application de lois civiles et criminelles, de l'existence desquelles il ne se doute même pas et ne se doutera jamais, car ses yeux et son âge ne lui permettent plus de les étudier ni de les lire. Comment motivera-t-il ses conclusions ?

Lorsque l'on verra ce vieux capitaine de l'ancien régiment colonial de la Martinique, confondre l'ordonnance du Roi du 1er. mars 1768, sur le service militaire, avec le Code criminel ou le Code de procédure civile, et prendre un huissier pour un caporal ;

Lorsque cet ancien capitaine de vaisseau, assis sur les bancs de la cour comme s'il était sur son banc de quart, prendra son livre de signaux pour opiner, et le Code civil pour commander les manœuvres de son vaisseau.

La cour royale sera donc pour ces oligarques le château de Corisandre, lorsque tous ces planteurs, marins et militaires se trouvant parens, oncles, neveux, beaux-frères et cousins-germains entr'eux et avec les parties qu'ils auront à juger, seront si enchantés de leurs attributions, qu'ils se croiront, etc........... ; qu'ils se souviendront à peine de la loi qui fixe le dégré auquel ils doivent se récuser! Qui leur prescrira de la suivre à 1800 lieues du garde-des-sceaux et du ministère de la justice, qui n'en peuvent rien savoir que par les bureaux de la marine; et ceux-là n'ont aucun intérêt d'en faire connaître la transgression; car les abus de la justice sont pour eux de la plus légère importance.

. Comment pense-t-on que pourront s'exécuter toutes ces formalités minutieuses et de rigueur de la loi sur l'expropriation forcée, lorsqu'il n'y aura pas de juges qui les connaissent, pas d'huissiers, d'avoués ou d'hommes de loi qui soient assez probes ou assez instruits, assez fermes ou assez hardis pour oser en diriger l'exécution ?

Il n'y a pas trois ans qu'un porteur d'effets d'une valeur de 69 mille livres sterling, payables par le chef même de la justice, ne trouva pas un seul huissier dans toute la colonie, qui, tout appuyé qu'il était des ordres exprès du ministre de la marine, osât en signifier le protêt.

A quelles mains donc allons-nous confier le glaive et la balance de Thémis ?

Cependant les meilleurs esprits parmi les administrateurs et les publicistes, sentent depuis long-temps la nécessité de détruire ce cratère d'iniquités.

« Il faut renverser, a dit l'ancien ministre de la marine,

« M. Malouet, ce système absurde qui anéantit toute
« confiance, et élever sur ses ruines un crédit solide,
« priver de toutes ressources la témérité et la mauvaise
« foi, pour multiplier celles de l'industrie honnête ; c'est
« alors seulement que la colonie sera dans un état floris-
« sant et atteindra un degré de perfection dont elle est
« susceptible. »

« Je soutiens de toutes mes forces la cause et les intérêts
« des colons, a dit encore M. Malouet, mais dans tous
« les pays du monde et dans tous les gouvernemens, il faut
« une justice régulière, il faut payer ses dettes. Il serait
« absurde de croire qu'un des priviléges coloniaux soit de
« n'être point soumis aux lois de contraintes ; etc.

« Ce serait nuire à la sûreté, à la liberté et à la pros-
« périté de la colonie, et cette erreur ne peut exister
« qu'autant que le gouvernement ne daignera pas y
« prendre l'intérêt qu'elle mérite ! »

Raynal vous dit enfin :

« Renversez le système favorable à l'impéritie, à la
« témérité, à la mauvaise foi, bientôt tout changera de
« face ; le négociant d'Europe ne fera plus en tremblant
« ses avances au cultivateur, il les multipliera ; il se for-
« mera de nouvelles plantations, et les anciennes acqué-
« reront une valeur nouvelle. »

FIN.